Ruth Hildebrand-Mallitsch
Nora Hildebrand-Maffei

Stationenlernen im Religionsunterricht

Manchmal habe ich schon Angst!

Nachdenken über Angst und Mut

5./6. Klasse

Persen Verlag

Die Autorinnen:

Ruth Hildebrand-Mallitsch unterrichtet an einer Hauptschule die Fächer Religion, Mathematik und Biologie. Sie ist Fachleiterin für das Fach evangelische Religionslehre am Studienseminar Dortmund.

Nora Hildebrand-Maffei ist Fachleiterin für den Förderschwerpunkt „Lernen" und das Fach Sachunterricht am Studienseminar für Sonderpädagogik in Lüdenscheid.

1. Auflage 2011
© Persen Verlag
AAP Lehrerfachverlage GmbH

Das Werk als Ganzes sowie in seinen Teilen unterliegt dem deutschen Urheberrecht. Der Erwerber des Werkes ist berechtigt, das Werk als Ganzes oder in seinen Teilen für den eigenen Gebrauch und den Einsatz im eigenen Unterricht zu nutzen. Downloads und Kopien dieser Seiten sind nur für den genannten Zweck gestattet, nicht jedoch für einen weiteren kommerziellen Gebrauch, für die Weiterleitung an Dritte oder für die Veröffentlichung im Internet oder in Intranets. Die Vervielfältigung, Bearbeitung, Verbreitung und jede Art der Verwertung außerhalb der Grenzen des Urheberrechtes bedürfen der vorherigen schriftlichen Zustimmung des Verlages.

Illustrationen: Nataly Meenen
Satz: MouseDesign Medien AG, Zeven
Sprecher/CD: Peter Kühn
Aufnahmestudio: EARFORCE Tonstudio GbR, Stade

ISBN 978-3-8344-3201-8

www.persen.de

Inhaltsverzeichnis

Einführung

Vorwort 4

Lernen an Stationen im Religionsunterricht 7

Kompetenzorientierter Religionsunterricht 10

Kompetenzen 13

Arbeit an Stationen

Checkliste für Lehrpersonen 16

Allgemeine Hinweise und Materialien 17

Laufzettel für die Schüler 20

Regeln für das Lernen an Stationen 21

Die 10 Stationen

1. Als ich einmal große Angst hatte 22
2. Warum hast du Angst? 24
3. Hab' Vertrauen! 29
4. Was macht die Angst mit mir? 32
5. Kann ich Angst sehen? 35
6. Jesus stillt den Sturm 39
7. Mensch ängstige dich nicht! 43
8. Mit der Bibel gegen die Angst 47
9. Wir lassen unsere Ängste in den Himmel fliegen 50
10. Was tut mir gut? 53

Anhang

Notizzettel 59

Fragebogen 60

Quellenverzeichnis 61

Inhalte CD 62

Vorwort

Aus Gesprächen mit Schülern wissen wir, dass viele darunter leiden, nicht anerkannt, ungeliebt zu sein, nicht ernst genommen zu werden, nicht cool genug zu sein. Sie haben Angst, ein wertloser Mensch zu sein. Sie haben Versagensängste, trauen sich nichts zu, sie haben Trennungen der Eltern durchlebt und fühlen sich hin und her geschubst. Sie fühlen sich minderwertig und reagieren mit Verhaltensauffälligkeiten, um ihre Angst nicht zu zeigen.

Dieses Stationenverfahren will versuchen, die Kinder behutsam an sich selbst, die eigenen Ängste, Schwächen, aber auch Stärken, an andere Mitschüler und an viele Lebenssituationen heranzuführen. So können Mut, Vertrauen, vor allem Selbstvertrauen wachsen. Das Bewusstsein für die eigenen Ängste, aber auch für eigene Stärken und den eigenen Mut gibt Jugendlichen Halt. Sie wagen sich eher an Unbekanntes heran, sie lernen, auf sich selbst, auf andere und auf Gott zu vertrauen. Sie lernen mutig ihre Gefühle wahrzunehmen und sie loten den konstruktiven Umgang mit ihren Ängsten aus. Einzugestehen, dass man vor/in einer Situation Angst hat, ist ebenso mutig, wie die Stärke zur Bewältigung dieser Situation aufzubringen. Im Umgang mit Ängsten sind im Allgemeinen die Überwindung, zumindest die Reduktion von Angst, das Durchleben und Akzeptieren der Angst erstrebenswerte Ziele, denn Angst behindert, blockiert uns und schränkt uns ein. Angst lähmt unseren Lebensmut und unsere Lebensfreude. Also sollen Schüler lernen Angst nicht zu umgehen, sondern mit ihr umzugehen.

Der christliche Glaube kann wichtige Beiträge zur Bewältigung und zum Durchstehen von Ängsten leisten. Gottvertrauen kann dem Menschen helfen Angst auszuhalten, durchzustehen oder sie zu mindern. Da Angst oft mit dem Gefühl des Alleingelassenseins verbunden ist, vermag das Bewusstsein der Gemeinschaft mit anderen und mit Gott auch davon zu befreien.

Angst hat wichtige Funktionen: Sie warnt uns vor Gefahren, sie kann uns hemmen, Handeln behindern, aber sie kann uns auch dazu motivieren. Angst machen uns Dinge, Situationen, Personen, die wir nicht einordnen, nicht überschauen, nicht kontrollieren, nicht voraussehen können. Unbestimmte Bedrohung, unbekannte und nicht berechenbare Gefahren bereiten uns Angst. Sie erzeugen ein Gefühl, einer Situation nicht gewachsen zu sein. Insbesondere Schüler der unteren Jahrgänge können sich vieles noch nicht erklären und haben Angst. Häufig sind es soziale Ängste: Angst vor Verletzung, vor Außenseiterposition, vor Fremden, vor dem Verlassenwerden, aber auch Leistungsängste spielen eine nicht unerhebliche Rolle: Angst vor Klassenarbeiten, vor Misserfolgen, vor Versagen, vor Sanktionen ... In vielen Klassen oder Lerngruppen treffen Charaktere aufeinander, die sich nicht einfach so vertragen: die soziale Angst ist für einige Schüler allgegenwärtig.

Daher bietet dieses Stationenverfahren ein Trainingsfeld den sozialen Mut zu stärken. Die Schüler sollen lernen, sich Ängste und Schwächen einzugestehen, gelassener mit ihnen umzugehen, sich Hilfen zu holen, und so ein Selbstvertrauen zu entwickeln, das sie vor Gefahren wie psychischer Fehlentwicklung, Persönlichkeitsstörung, Drogensucht, Essstörung, Gewaltanwendung ... schützen kann. Nur durch eine konkrete, handlungsorientierte Auseinandersetzung mit unseren Ängsten lassen sich Fehlentwicklungen in der Persönlichkeit beeinflussen oder gar vermeiden.

Natürlich wird man von diesem Lernen an Stationen nicht erwarten dürfen, dass die Schüler eine tiefgreifende Wandlung ihrer Einstellung zu Ängsten vollziehen, aber sie kann dazu beitragen, dass vorhandene Ängste erkannt, akzeptiert werden, dass man durch Verbalisieren, Darstellen und Spielen sich einen mutigeren Zu- und Umgang mit den eigenen Ängsten verschafft und so auch eher bereit ist, über

Vorwort

Schwächen und Ängste zu reden und sich Hilfen zu holen.

Kinder im schulfähigen Alter erleben beinahe täglich, was Angst bedeutet, wie Angst sich anfühlt: Angst in der Schule vor Klassenarbeiten, vor Mitschülern, vor Lehrern, Angst vor Ausgrenzung, vor Mobbing, Angst im Elternhaus ... Wenn jedoch infolge vieler Angstsituationen ein Kind sich zu einem ängstlichen Kind entwickelt, wird es problematisch. Ängstliche Kinder haben es einfach schwerer, sie leben in ständiger Sorge, sie sind immer vorsichtig, misstrauisch, zurückhaltend und schüchtern und leben stets in der Befürchtung, dass irgendetwas Schlimmes passieren könnte. Ein solch intensives Gefangensein in der Angst kann zu Schulversagen, zu Störungen in der Kommunikation, zum Verlust von sozialen Kontakten, zu einem Entwicklungsrückstand und schließlich zur Vereinsamung führen. Nicht selten schadet diese Angst nur den Kindern selbst, sondern wenn wir an Amokläufe an Schulen denken, so waren die Täter stets Menschen, die kaum soziale Bindungen hatten, die sich niemandem anvertrauten und in ihrer eigenen von Angst besetzten Welt lebten. Daher ist es wichtig, dass Schule, hier der Religionsunterricht, Lernangebote macht, die es den Schülerinnen und Schülern ermöglichen, eigene Gefühle und Ängste wahrzunehmen, zu akzeptieren, sie als allen Menschen zugehörig zu erfahren, sie auszudrücken und die Frage zu erarbeiten: Wie gehe ich mit der Angst um, wer oder was kann mir helfen?

Geschichten aus der Bibel können, z. B. als Instrument der Entmachtung von Angst, eingesetzt werden und so erfahren Schülerinnen und Schüler, dass sie sich mit ihren Ängsten auch an Gott wenden können, der ihnen Hilfe und Selbstvertrauen geben kann.

Vorwort

Da die uns blockierenden Ängste, besonders sie sozialen Ängste nicht angeboren, sondern erlernt sind, muss es auch erlernbar sein, sie wieder abzubauen oder zumindest sinnvoll mit ihnen umzugehen.
Ein Mut machender, ein Vertrauen entwickelnder Religionsunterricht …
- geht davon aus, dass die wirksamste Bewältigung von Angst die Entwicklung eigener Lösungsstrategien durch den Schüler darstellt;
- bezieht mit ein, dass ein positives Selbstbewusstsein eine gute Voraussetzung zum Mut darstellen kann;
- erfordert Lehrer, die Schüler in ihren Ängsten ernst nehmen;
- schafft Unterrichtsangebote, die dazu ermutigen, Ängste offen auszusprechen, auszumalen, auszuspielen, darzustellen;
- bietet Bilder, Übungen, Geschichten, Rätsel und offene Identifikationsformen an;
- zeigt modellhaft konstruktive Strategien auf, Ängste abzubauen und Mut zu gewinnen.

Dieses Lernen an Stationen will die Kinder behutsam an mögliche Ängste heranführen, sie bewusst machen, Abbaumechanismen erarbeiten, sodass Mut und Vertrauen wachsen können.

Lernen an Stationen im Religionsunterricht

Religionsunterricht ist mehr als Reden über Religion

Religion betrifft den ganzen Menschen und darf daher nicht einseitig auf die kognitive Dimension reduziert werden. Religion wird erst im Vollzug der religiösen Praxis wirklich und nimmt Bedeutung an. Daher muss der Religionsunterricht zu einem Lernraum werden, in dem junge Menschen reale religiöse Erfahrungen machen und sich mit diesen auseinandersetzen. So wird Religion wahrnehmbar, erlebbar, erfahrbar und religiöse Praxis kann probeweise vollzogen werden.

Damit wird ein Unterricht erreicht, in dem Schüler[1] nicht vorwiegend von der Lehrperson lernen, sondern voneinander in Kooperation, Diskussion, im Austausch über die eigenen Gefühle, Gedanken, Erfahrungen, sodass das lebendige Unterrichtsgeschehen im Mittelpunkt steht.

Erkenntnisprozesse im Religionsunterricht sind viel mehr als reine Wissensprozesse. Es geht nicht mehr nur um ein Bescheidwissen über Religion, sondern um religiöses Orientierungswissen und die Erfahrung von Religion und Glaube. Das kann nur gelingen, wenn Lernprozesse schülerorientiert, lebensbedeutsam, sinnerfüllt, entdeckend und handlungsorientiert sind.

Schüler sollen Fragen stellen, gemeinsam nach Antworten suchen, sich zurechtfinden in ihrer Religion, Standpunkte und Haltungen entwickeln, die in ihrem Leben von Bedeutung sein können und daher sind offene Lernformen am ehesten geeignet, die Voraussetzungen dafür zu schaffen. Schüler können durch motivierende Lernarrangements religiöses Wissen mit eigenen Erfahrungen, Vorstellungen, Ideen verknüpfen und sich so einen individuellen, lebensbedeutsamen Zugang zu religiösen Inhalten verschaffen.

Die Schüler sollen in der Lage sein, an religiösen Formen, Ritualen verstehend teilzunehmen, Orientierungskompetenz entwickeln und so zu einem individuellen Standpunkt kommen, sodass religiöse Inhalte subjektive Bedeutung erlangen, indem sie einen Perspektivenwechsel vornehmen, also von der Binnenperspektive (z. B. Textbegegnung) zur Außenperspektive (Reflexion, Transfer auf heutige Lebenswelt). Sie sollen ein Basiswissen erarbeiten, eine Deutungskompetenz entwickeln, indem sie in offenen Räumen Religion begegnen. Die performative Religionsdidaktik bietet geeignete Ansätze.

Performativer Religionsunterricht

Der Begriff performativer Religionsunterricht stammt von Rudolf Englert (2002) und ist der Versuch, die unterschiedlichen Ansätze eines erfahrungsöffnenden Lernens in einem Modell zu vereinen.
„Es geht hier durchgängig darum, heutigen Schülerinnen und Schülern in der tätigen Aneignung und Transformation vorgegebener religiöser Ausdrucksgestalten (insbesondere aus der jüdisch-christlichen Tradition) eigene religiöse Erfahrungen zu eröffnen."[2]

---

[1] Der besseren Lesbarkeit halber ist hier nur von Schülern und Lehrern die Rede, selbstverständlich sind auch alle Schülerinnen, Lehrerinnen etc. gemeint.
[2] Englert 2002 in rhs 1/2002 Themenheft „Performativer Religionsunterricht"

Lernen an Stationen im Religionsunterricht

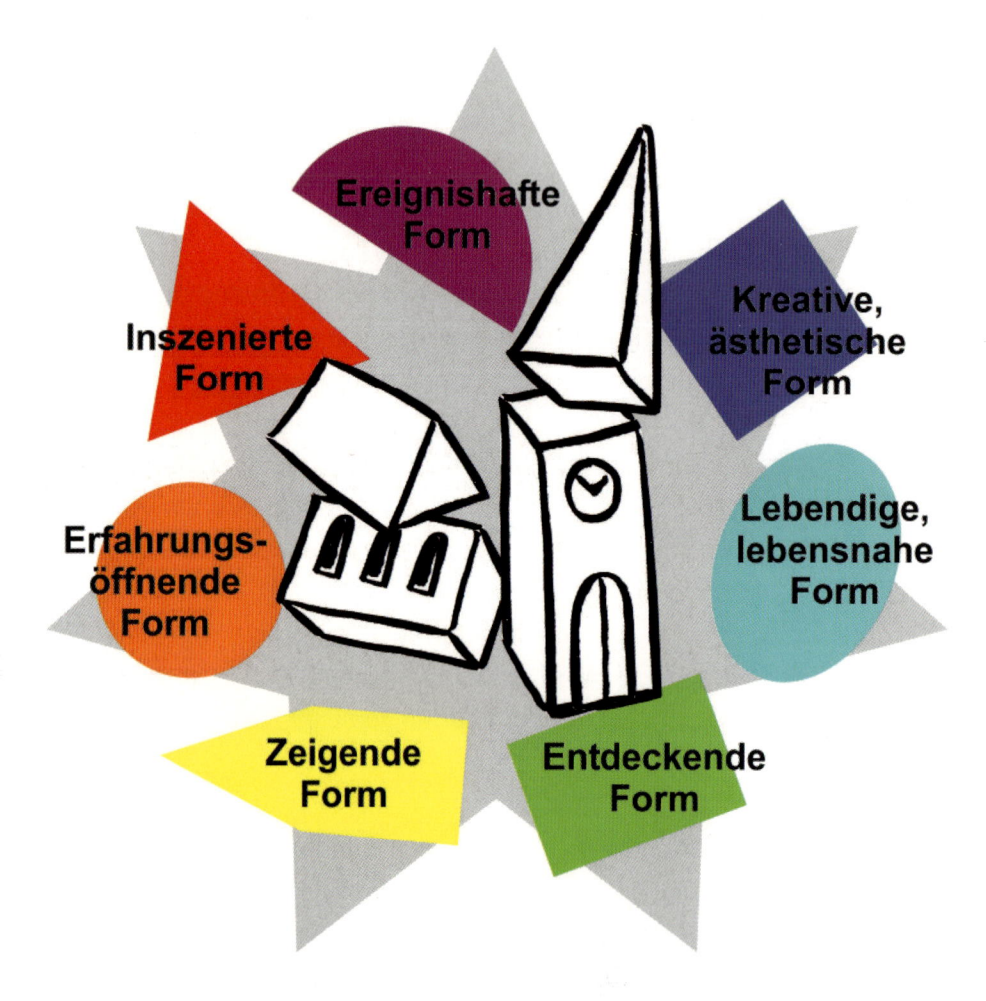

Im Religionsunterricht heute sitzen heterogene Lerngruppen: gläubige Schüler, zweifelnde, interessierte, suchende, ungläubige und völlig gleichgültige. Diesem Phänomen kann man nur begegnen mit offenen Lernarrangements, die ein religiöses Angebot machen.

Schon seit vielen Jahren kann der Religionsunterricht nicht mehr auf einen Vorlauf religiöser Erziehung durch Elternhaus und Kirche aufbauen und somit hat er eine andere Grundaufgabe erhalten: Der Unterricht muss mit Religion bekannt, vertraut machen, wenn religiöse Reflexion nicht gegenstandslos werden soll. Dem Ausfall religiöser Sozialisation muss Rechnung getragen werden, der verschüttete Zugang zur eigenen Religion muss freigelegt oder ein Weg überhaupt angelegt werden, bevor Schülerinnen und Schüler ein Gespür für Religion entwickeln können.

Lernen an Stationen im RU

Eine Möglichkeit ein solch offenes Lernangebot zu machen, bietet das Lernen an Stationen. Es beschreibt ein zusammengestelltes Angebot mehrerer Stationen, an denen die Schüler im Rahmen einer übergeordneten Thematik, Teilbereiche und -aspekte sowie Problemstellungen selbstständig bearbeiten und zwar unter den folgenden lernförderlichen Aspekten:
- Schüler erarbeiten sich religiöse, lebensbedeutsame Inhalte selbsttätig und selbstständig, ihren Fähigkeiten und Möglichkeiten, ihren Arbeitstempos entsprechend.
- Die Stationen sind ein Angebot an die Schüler und bieten kreative Zugänge zu religiösen Themen.

Lernen an Stationen im Religionsunterricht

- Es werden unterschiedliche Lerntypen angesprochen: der visuelle, der auditive, der haptische, der intellektuelle.
- Kommunikation über religiöse Inhalte, Fragen und Kooperation beim Erarbeiten derselben werden gefördert; Religion wird zum Sprechen gebracht, statt Reden über Religion.
- Dem Prinzip *Lernen mit Herz, Hand und Verstand* wird durch kreative Zugänge zu einzelnen Themen Rechnung getragen. Selbsttätig wird Religion in ihren Formen und Figuren ertastet, erspielt, gesehen, gehört, erlebt und bewegt.
- Der Lernende selbst steht im Mittelpunkt: Über Erfahrungen im konkreten Tun kommen die Lernenden zu religiösem Wissen und zur Orientierung im religiösen Raum. Das Lernen an Stationen eröffnet Freiräume für individuelle Fragen, Gedanken, Emotionen und Einstellungen zu religiösen Inhalten.
- Die Schüler haben die Möglichkeit, sich biblische Texte durch kreative Zugänge zu erschließen, sie auf ihre Lebenswelt zu übertragen und so lebensnah zu durchdringen; je sinnlicher eine Botschaft ist, desto größer die Bereitschaft, sie zu durchdenken, zu hinterfragen, zu verstehen.
- Die unterschiedlichen Sozialformen schaffen ein lernförderliches Arbeitsklima, in dem die Schüler sich mit positiven Gefühlen, stressfrei, ohne Leistungsdruck, ohne Angst religiösen Thesen, Fragen, Werten, Persönlichkeiten, Texten … nähern können. Soziale Kompetenzen, wie miteinander arbeiten, zuhören, aufeinander eingehen, sich einigen, Rücksicht nehmen, Absprachen treffen, Regeln beachten, sich helfen und unterstützen, werden gefördert.

Kompetenzorientierter Religionsunterricht

Religion – das kleine Fach **für große Fragen:** Woher? Wohin? Wozu? Warum? Was ist gerecht? Wie hat alles angefangen? Was ist Glück? Wo wohnt Gott?

Der Religionsunterricht sollte den Schülern tragfähige Antworten, Orientierung geben und das Selbstkonzept stärken. Es geht immer um Lebenswissen, das den Jugendlichen helfen soll, achtsam, verantwortungsvoll, kooperativ, vorurteilsfrei durchs Leben zu gehen. Dazu brauchen die Schüler Kompetenzen und diese sollte ein guter Religionsunterricht hervor bringen, entwickeln und fördern.

Was aber nun sind eigentlich Kompetenzen?

Kompetenzen sind inhalts- und bereichsspezifische Konkretionen der Standards und werden für ihre jeweilige „Domäne" bestimmt. Sie sind das Resultat schulischer Lehr- und Lernprozesse. Kompetenz bezeichnet den Lernerfolg im Hinblick auf den Lernenden selbst und seine Befähigung zu selbstverantwortlichem Handeln im privaten, beruflichen und gesellschaftlichen Bereich (deutscher Bildungsrat 1974).

„Kompetenzen sind die bei Individuen verfügbaren oder durch sie erlernbaren kognitiven Fähigkeiten, um bestimmte Probleme zu lösen sowie die damit verbundenen motivationalen, volitionalen und sozialen Bereitschaften und Fähigkeiten, um die Problemlösungen in variablen Situationen erfolgreich und verantwortungsvoll nutzen zu können." (Weinert 2001)

Kompetenzen sind Fähigkeiten, Kenntnisse, Fertigkeiten, Einstellungen und Haltungen, über die Schüler verfügen müssen, um zunehmend komplexere Aufgaben zu lösen und Situationen bewältigen zu können. Kompetenzen versuchen, die sichtbaren Ergebnisse von Unterricht zu beschreiben und sind durch geeignete Aufgaben zu überprüfen.

„Wer sich auf den Weg macht, möchte hin und wieder klären, wie weit er ist oder ob er noch auf dem Weg ist, den er sich vorgenommen hat." (Mats Ekholm)

Und was sind religiöse Kompetenzen?

„Religiöse Kompetenz ist die erlernbare, komplexe Fähigkeit zum verantwortlichen Umgang mit der eigenen Religion in ihren verschiedenen Dimensionen und in ihren lebensgeschichtlichen Wandlungen." (Ulrich Hemel 1988)

„Von Kompetenzen kann gesprochen werden,
- wenn gegebene Fähigkeiten der Schüler genutzt werden
- wenn auf vorhandenes Wissen zurückgegriffen werden kann bzw. die Fertigkeit gegeben ist, sich Wissen zu verschaffen
- wenn zentrale Zusammenhänge der Domäne verstanden werden
- wenn angemessene Handlungsentscheidungen getroffen werden
- wenn dies mit Nutzung von Gelegenheiten zum Sammeln von Erfahrungen verbunden ist und
- wenn aufgrund entsprechender handlungsbegleitender Kognitionen genügend Motivation zu angemessenem Handeln gegeben ist." (Klieme u. a.: Zur Entwicklung nationaler Bildungsstandards. Bonn 2003 S. 74/75)

Kompetenzorientierter Religionsunterricht

Somit bringt der Begriff „Kompetenz" eine stärkere Anwendungs- und Wirkungsorientierung in das Fach Religion hinein. Es geht also nicht mehr nur darum, was ein Schüler lernt, sondern darum, was er danach tatsächlich kann.

Kompetenzorientierter Religionsunterricht unterscheidet sich vom bisherigen durch den konsequenten Blick auf das, was Schüler am Ende einer Unterrichtsreihe wissen und können sollten, es geht um den langfristigen Aufbau von Kompetenzen. Dabei ist es wichtig, Lernangebote so miteinander zu verzahnen, dass nachhaltiges, vertiefendes Lernen ermöglicht wird. Lernprozesse müssen rückwärts gedacht werden, von den Kompetenzen ausgehend. Also müssen Teilkompetenzen in der Planung erarbeitet werden und dann erst sollten methodisch-didaktische Überlegungen angestellt werden.

Also: **Wo will ich hin?**
Welche Teilkompetenzen sind hierzu von Bedeutung?
Wie kann ich diese methodisch-didaktisch erreichen?

Im Religionsunterricht geht es um einen Lernprozess, der auf eine aktive Fragehaltung der Schüler zielt. Religiöse Bildung ...
- trägt zum Erwerb von Fähigkeiten bei, sich selbst, andere und die Wirklichkeit insgesamt zu verstehen;
- zielt auf das Kennenlernen der eigenen Religion ab;
- soll den Dialog mit der Realität und anderen Religionen fördern.

Wie muss nun kompetenzorientierter Unterricht aussehen?
- Im Mittelpunkt eines kompetenzorientierten Religionsunterrichts stehen die Schüler, ihre Entwicklung und die Ausbildung und Förderung ihrer Fähigkeiten.
- Die implizierten Kompetenzen müssen von der Lehrkraft bestimmt werden.
- Die Bedeutung für die Lebens- und Lerngeschichte der Schüler muss analysiert werden. Erst wenn die Lebensrelevanz für die Schüler erkennbar ist, werden sie motiviert sein, sich mit den Inhalten zu beschäftigen.
- Erhebung der Lernausgangslage: Erfahrungen, Kenntnisse, Fähigkeiten, Interessen und Einstellungen
- Aufeinander aufbauende Unterrichtseinheiten statt beliebige Abfolge von Themen
- Transparenz der Lernprozesse, Aufbau von Wissen und Können als Kontinuum gestaltet, sollte für Schüler transparent sein
- Lernsituationen müssen geschaffen werden, die Herausforderungscharakter haben und in denen bestimmte Fähigkeiten zur Bewältigung der Situation erworben oder variabel aktualisiert werden können.
- Förderung selbstständigen Lernens, Schaffen von Räumen für selbstgesteuerte Lernprozesse
- Binnendifferenzierung im Hinblick auf Arbeitsprozesse, Arbeitszeiten, aber auch auf unterschiedliche Fähigkeiten und deren individuelle Förderung
- Der Erwerb elementaren Wissens und grundlegender Fähigkeiten im Umgang und in der Auseinandersetzung mit Religion; Aufgabenstellungen, die theologische Deutungsdimensionen ungekünstelt mit der Lebenswelt der Schüler verbinden
- Anregende, lebensnahe Aufgaben, die verschiedene Dimensionen religiöser Bildung ansprechen
- Einübende wiederholende Vernetzung von Wissen und Verankerung von Fähigkeiten
- Vorbereitete Lernumgebung, denn Lernen beginnt mit sinnlichen Reizen und der Aktivierung des sensorischen Gedächtnisses

Kompetenzorientierter Religionsunterricht

- Lernförderliches Klima schaffen: Respekt, Gerechtigkeit, fröhliche Grundstimmung
- Methodenvielfalt, um abwechslungsreiche Lernwege anzubieten
- Erarbeitete Aufgaben, erbrachte Leistungen sollten über einen längeren Zeitraum dokumentiert werden (z. B. Portfolio)
- Evaluation der Lernprozesse hinsichtlich der Kompetenzerweiterung
- Schülerfeedback, z. B. nach Lernsequenzen zur Qualitätssicherung und -entwicklung
- Prinzipielle Offenheit für den Dialog in religiös pluralen Lebenszusammenhängen; Perspektivenwechsel

Kompetenzen

Der Religionsunterricht sollte den Schülerinnen und Schülern tragfähige Antworten, Orientierung geben, um das Selbstkonzept zu stärken. In einem kompetenzorientierten Unterricht muss es darum gehen, die religiösen Angebote wahrzunehmen, ihre Bedeutung für das eigene Leben zu durchdenken, um eigene Standpunkte und Einstellungen zu entwickeln.

In dem folgenden Lernen an Stationen **Manchmal habe ich schon Angst** sind die Aufgaben so ausgewählt, dass die sinnenhafte, handlungsorientierte Erarbeitung der Begriffe *Angst und Vertrauen* die Selbstkompetenz der Schülerinnen und Schüler stärken kann, sie ihre Ängste verstehen, sie zulassen, aber auch nachhaltige Strategien entwickeln, Ängste abzubauen.

So können die Schülerinnen und Schüler folgende Kompetenzen erwerben und ausbauen:

Grundformen religiöser Sprache kennen und deuten

Station 8 Die Schüler können die Metaphern von Psalmen verstehen und erarbeiten, dass Vertrauen und Glaube an Gott ein Schlüssel sein kann gegen die Angst.

Station 8 Die Schüler können an Beispielen zeigen, wie sich Menschen in Worten des Dankes, der Hoffnung, des Glaubens an Gott wenden.

Über das Christentum Auskunft geben

Station 6 Die Schüler lernen die Geschichte von der Sturmstillung kennen, beantworten Fragen dazu und entwickeln einen Merksatz.

Station 8 Die Schüler erarbeiten, was Gott zu den Menschen spricht, die Angst haben.

Hermeneutische Kompetenz

Station 6 Die Schüler erarbeiten die Erzählung von der Stillung des Sturms (Mk 4, 35–41) als Vertrauens- und Hilfezusage Jesus' für uns alle in der Angst.

Persönliche Glaubensüberzeugungen zum Ausdruck bringen

Station 9 Die Schüler lassen ihre Ängste, in dem Symbol der Taube, in den Himmel fliegen und verstärken damit ihr Gottvertrauen.

Station 6 Die Schüler entdecken den christlichen Glauben als Gegenkraft zur Angst.

Grundformen religiöser Praxis beschreiben, probeweise gestalten und ihren Gebrauch reflektieren

Station 6 Die Schüler erfahren, dass Menschen Gott als guten Begleiter in der Angst betrachten können.

Kompetenzen

Station 7   Die Schüler können mittels der Ereigniskarten erkennen, dass man in Angstsituationen durch Selbstvertrauen und Gottvertrauen stark sein kann.

Theologische Frage- und Argumentationsfähigkeit

Station 6   Die Schüler hören die Geschichte „Jesus stillt den Sturm" und überlegen, wie Jesus in der Angst hilft. Sie erarbeiten die Kernaussagen der Erzählung, dass Gottvertrauen Ängste mildern kann.

Religiöse Deutungsoptionen für Widerfahrnisse des Lebens wahrnehmen, verstehen und ihre Plausibilität prüfen

Station 6   Die Schüler erkennen, dass Angst durch das Vertrauen auf Gott überwunden werden kann.

Station 5   Die Schüler erkennen an nonverbalen Merkmalen (Mimik, Gestik und Körperhaltung) Ängste bei anderen Menschen und werden so für deren Bedürfnisse sensibilisiert.

Station 4   Die Schüler erkennen die Angst als einen Stresszustand von starker Intensität, verbunden mit vielen unterschiedlichen körperlichen Auswirkungen.

Station 3   Die Schüler erkennen, dass man nicht zu allen Menschen Vertrauen haben kann, sondern dass Vertrauen voraussetzt, einen Menschen gut zu kennen und sich auf ihn verlassen zu können.

Religiöse Motive und Elemente in der Kultur (Literatur, Bilder, Musik, Werbung, Film, Sport) identifizieren, ideologiekritisch reflektieren und ihre Bedeutung erklären

Station 1   Die Schüler können bildlich dargestellte Ängste als Erzählimpuls nutzen, sie besprechen, deuten und mit eigenen Erfahrungen in Verbindung bringen.

Personale Kompetenz

Station 1   Die Schüler können sich in Angstsituationen, die auf Bildern dargestellt sind, hineinfühlen und werden so sensibilisiert, eigene Ängste zu erkennen und zu beschreiben.

Station 2   Die Schüler erarbeiten anhand von Fallbeispielen Gründe für die Angst und erkennen so vielfältige Ursachen.

Station 3   Die Schüler können durch Interaktionsspiele Vertrauen erleben und so zu der Erkenntnis gelangen, welchen Menschen man Vertrauen schenken kann.

Station 4   Die Schüler lernen die Intensität eigener Ängste einzuschätzen.

Station 7   Die Schüler können mittels der Ereigniskarten erfahren, dass Vertrauen auf sich selbst, auf Menschen in ihrer Umgebung und auf Gott eine Hilfe in Situationen der Angst sein kann.

Station 9   Die Schüler entwickeln eigene Lösungen gegen die Angst als Voraussetzung zum Aufbau von Kraft und Mut.

Kompetenzen

Kommunikative Kompetenz

Station 1 Die Schüler lernen anhand von Angstbildern, über ihre eigenen Ängste zu sprechen und diese nicht als kindisch einzustufen, sondern zu erkennen, dass alle Menschen Angst kennen.

Station 4 Die Schüler sprechen über sichtbare, erkennbare Zeichen der Angst.

Station 5 Die Schüler erkennen körperliche Symptome der Angst, kommen darüber ins Gespräch und vergleichen unterschiedliche Sichtweisen.

Ästhetische Kompetenz

Station 2 Die Schüler gestalten Mutmachmännchen, Tischaufkleber oder Schutzengel als mögliche Kraftgeber in Angstsituationen.

Station 2 Die Schüler schreiben ihre Ängste auf Steine und legen diese auf ein großes Herz; so erkennen sie, wie Angst die Menschen bedrücken kann.

Station 9 Die Schüler basteln Tauben, beschriften sie mit ihren Ängsten und erarbeiten eigene Lösungsmöglichkeiten.

Station 8 Die Schüler wählen Bibelstellen aus und gestalten dazu ein Schmuckblatt mit Text und Bild.

Methodische Kompetenz

Station 7 Die Schüler wenden Regeln an für das Spiel:
Mensch ängstige dich nicht!

Soziale Kompetenz

Station 5 Die Schüler spielen miteinander das Spiel *Mensch ängstige dich nicht.*

Station 3 Die Schüler gehen bei dieser Übung rücksichtsvoll und verantwortungsbewusst miteinander um und erfahren so die Begriffe *Wagnis und Vertrauen.*

Lebensweltliche Applikationsfähigkeit

Station 4 Die Schüler lernen welche körperlichen Symptome Angst auslösen kann und überlegen, welche Auswirkungen Angst bei ihnen selbst hat.

Spirituelles Wahrnehmungs- und Ausdrucksvermögen

Station 9 Die Schüler erfahren, wie Ängste verfliegen können und sie spüren in dem Symbol *Taube* Gottes Nähe und damit Kraft gegen die Angst.

Checkliste für Lehrpersonen

	Material, das der Lehrer bereitstellt	Anzahl der Kopien für die Schüler
Station 1	Diverse Bilder laminieren Stationskarte (1x) laminiert Bilder je 1x laminieren Arbeitsblatt 1 (1x) laminiert	
Station 2	Stationskarte (1x) laminiert Aufgabenblatt (1x) laminiert Steine (Baumarkt) Stifte Herz in DIN A2 auf rotem Plakatkarton	Fragebogen + AB in Klassenstärke
Station 3	Stationskarte (1x) laminiert Spielanleitung (1x) laminiert	Fragebogen in Klassenstärke
Station 4	Stationskarte (1x) Schaubild (2x) laminieren	Aufgabenblatt in Klassenstärke
Station 5	Stationskarte (1x) laminiert Aufgabenblatt (1x) laminiert Diverse Bilder laminieren Digitalkamera Fotowand	AB in Klassenstärke
Station 6	Stationskarte (1x) laminiert Aufgabenblatt (1x) laminiert CD mit Hörspiel CD-Player mit Kopfhörer	Fragebogen und Rätselbild in Klassenstärke Textblatt 4x Lösungsblatt 1x in einem Umschlag
Station 7	Stationskarte (1x) laminiert Aufgabenblatt (1x) laminiert Spielfeld (1x) laminieren Ereigniskarten, Rückseiten laminieren Würfel, Spielfiguren, Ereigniskarten	
Station 8	Stationskarte (1x) laminiert Aufgabenblatt (1x) laminiert	Schmuckblatt in Klassenstärke AB mit Bibelstellen in Gruppenstärke
Station 9	Stationskarte (1x) laminiert Aufgabenblatt (1x) laminiert Bindfaden	Taube 2x in Klassenstärke
Station 10	Stationskarte (1x) laminiert Aufgabenblatt (1x) laminiert Materialien für MMM + Schutzengel (s. allgem. Hinweise u. Materialien)	Tischaufkleber in Klassenstärke kopieren Texte für Tischaufkleber (4x)

Allgemeine Hinweise und Materialien

Grundsätzlich gilt:

1. Regeln zum Stationenlernen ausdrucken, laminieren, im Klassenraum aufhängen und mit den Schülern besprechen.

2. Eine Hilfestation einrichten, an der die Schüler ihre Namenskärtchen nacheinander befestigen (z. B. mit Wäscheklammern), sodass die Lehrperson in der richtigen Reihenfolge den Bedarf an Hilfe abarbeiten kann.
Jede Gruppe sollte in 1 Stunde nicht mehr als 3 Klammern erhalten: Förderung der Selbstständigkeit!

3. Eine Uhr sollte über zeitliche Spielräume informieren.

4. Pinnwände, Tafeln, Tische etc. zur Präsentation in der Nähe der jeweiligen Station platzieren.

5. Es können Pflicht- und Wahlstationen bestimmt werden.

6. In einem Museumsgang am Ende des Stationenlernens können sich die Schüler die Ergebnisse der Mitschüler ansehen und miteinander ins Gespräch kommen; daran anschließend können die Schüler den Evaluationsbogen ausfüllen.

Station 1: Als ich einmal große Angst hatte — S. 22

Hinweise
Die Lehrperson sollte darauf achten, dass alle Gruppenmitglieder die Aufgabe erledigen.

Materialien
Bilder von CD ausdrucken und am besten laminieren, um sie wieder verwenden zu können.

Station 2: Warum hast du Angst? — S. 24

Hinweise
Jeder Schüler sollte das AB in seine Mappe heften. Also einen Hefter anlegen mit der Überschrift: *Manchmal habe ich schon Angst.* Auch die Lehrperson kann ein oder zwei Steine beschriften, um zu verdeutlichen, dass auch Erwachsene Ängste haben.

Materialien
Steine am besten in einem Baumarkt kaufen. Ein großes Herz aus rotem Plakatkarton ausschneiden, auf einem freien Tisch platzieren, sodass alle Schüler ihre Steine dort hinlegen können. Während des Museumsganges am Ende des Stationenverfahrens kann sich jeder Schüler alle Steine anschauen.
AB und Fragebogen in Klassenstärke kopieren.

Allgemeine Hinweise und Materialien

Station 3: Hab' Vertrauen! — S. 29

Hinweise

Die Lehrperson sollte an dieser Station häufig präsent sein oder auch Teil dieser Aktion sein, um darauf zu achten, dass keine Unfälle geschehen.

Materialien

Fragebogen in Klassenstärke kopieren.

Station 4: Was macht die Angst mit mir? — S. 32

Materialien

Schaubild 2x laminiert an der Station auslegen. Aufgabenblatt in Klassenstärke kopieren.

Station 5: Kann ich Angst sehen? — S. 35

Hinweise

Die Lehrperson sollte die Fotos ausdrucken lassen und sie alle für den Museumsgang an eine Fotowand hängen.

Materialien

- Bilder von CD ausdrucken und laminieren
- AB in Klassenstärke kopieren.
- Digitalkamera zur Verfügung stellen
- Fotowand im Klassenraum vorbereiten

Station 6: Jesus stillt den Sturm — S. 39

Materialien

- CD Player + CD oder Computer mit Kopfhörer
- Textblatt 4x
- AB mit Aufgaben und Rätsel in Klassenstärke kopieren.
- Lösungsblatt 1x in einem Umschlag an der Station platzieren

Station 7: Mensch ängstige dich nicht! — S. 43

Hinweise

Spielregeln wie bei Mensch ärgere dich nicht!

Allgemeine Hinweise und Materialien

Materialien
- Spielfeld, Ereigniskarten und Rückseiten (befinden sich auf CD) laminieren, dann zusammenkleben;
- Spielfiguren, Würfel
- Spielregeln
- Aufgabenblatt

Station 8: Mit der Bibel gegen die Angst — S. 47

Materialien
Schmuckblatt in Klassenstärke
Bibeltexte in Gruppenstärke

Station 9: Wir lassen unsere Ängste in den Himmel fliegen — S. 50

Hinweise
Auch hier wäre es schön, wenn die Lehrperson als Teil der Gruppe sich an der Aktion beteiligen würde.

Materialien
Vorlage Taube 2x in Klassenstärke, Bindfaden

Station 10: Was tut mir gut — S. 53

Materialien
- Für die Mutmachmännchen pro Schüler: 2 Luftballons; Wolle, 2 Wackelaugen, Edding, Sand oder Mehl, 2 Scheren an der Station, Klebstoff, 2 Trichter an der Station, 2 Löffel an der Station
- Vorlage Tischaufkleber in Klassenstärke
- Schutzengel (pro Schüler):
- Vorlage Schutzengel in Klassenstärke
- bunte, verschiedenartige Papiere, Glitzer, Pailletten, bunte Fäden und Bänder, Federn usw.
- Bunt- und Filzstifte
- Schere, Bleistift, Klebestift

Laufzettel – Lebendiges vom Tod

Name: _____

	Thema	Aufgabe	Material, das du benötigst	Erledigt
1	**Als ich einmal große Angst hatte**	Wähle ein Bild aus, stell dir vor, du bist dieses Kind und erzähle eine Geschichte.		☐
2	**Warum hast du Angst?**	Bearbeite den Fragebogen; überlege, warum man Angst haben kann und schreibe deine Ängste auf die Steine.		☐
3	**Hab' Vertrauen!**	Führt das Spiel „Menschenpendel" durch und beantwortet anschließend die Fragen.		☐
4	**Was macht die Angst mit mir?**	Schaut euch das Bild an, kreuzt zutreffende Aussagen an und besprecht sie mit eurem Partner.		☐
5	**Kann ich Angst sehen?**	Wählt einige Haltungen aus, stellt sie pantomimisch dar und fotografiert die Standbilder.		☐
6	**Jesus stillt den Sturm**	Höre dir die biblische Geschichte an, beantwortet gemeinsam die Fragen und löse das Rätsel.		☐
7	**Spiel: Mensch ängstige dich nicht**	Lest zuerst die Spielregeln, dann spielt gemeinsam das Spiel.		☐
8	**Mit der Bibel gegen die Angst**	Gestalte ein Schmuckblatt mit biblischen Sprüchen.		☐
9	**Wir lassen unsere Ängste zu Gott in den Himmel fliegen**	Fertige eine Taube an, lege deine Ängste hinein und hänge sie im Klassenraum oder in deinem Zimmer auf.		☐
10	**Was tut mir gut?**	Bastelt euch ein Mutmachermännchen, einen Tischaufkleber oder einen Schutzengel.		☐

Regeln für die Arbeit an Stationen

- Arbeitet in einer kleinen **Gruppe** (3–4 Schülerinnen und Schüler) zusammen.

- Die **Reihenfolge** der Stationen könnt ihr **frei** wählen.

- Ihr seid **ein Team,** achtet also darauf, **miteinander** zu arbeiten: hört einander zu, unterstützt euch gegenseitig, schließt niemanden aus, beleidigt den anderen nicht und versucht, die Aufgabe **gemeinsam** zu lösen.

- **Konzentriert euch,** vertrödelt keine Zeit und arbeitet sorgfältig.

- **Stationen,** die ihr begonnen habt, **beendet** auch bitte, bevor ihr zur nächsten Station wechselt.

- Wenn ihr **Hilfe** braucht, versucht das Problem zuerst innerhalb eurer Gruppe zu lösen, bevor ihr euren Lehrer/eure Lehrerin fragt (Namensschild an die Hilfestation heften!).

- Füllt euren **Laufzettel** aus und macht euch **Notizen** zu den einzelnen Stationen (Notizzettel).

- Bitte verlasst jede **Station** ordentlich und **aufgeräumt.**

- **Nehmt Rücksicht** und arbeitet leise. Ihr dürft miteinander flüstern.

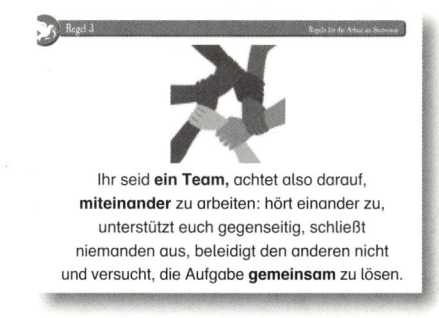

Ruth Hildebrand-Mallitsch und Nora Hildebrand-Maffei: Manchmal habe ich schon Angst!
© Persen Verlag

Als ich einmal große Angst hatte

Station 1

Station 1

Als ich einmal große Angst hatte

Als ich einmal große Angst hatte

Aufgaben

1. Wähle eines der Bilder aus und stell dir vor, du bist dieses Kind.

2. Erzähle deiner Gruppe eine kleine Geschichte dazu, in der du folgende Fragen beantwortest:
   - Was ist passiert?
   - Wovor hast du Angst?
   - Wie fühlst du dich?

Name:	Datum:

Ruth Hildebrand-Mallitsch und Nora Hildebrand-Maffei: Manchmal habe ich schon Angst!
© Persen Verlag

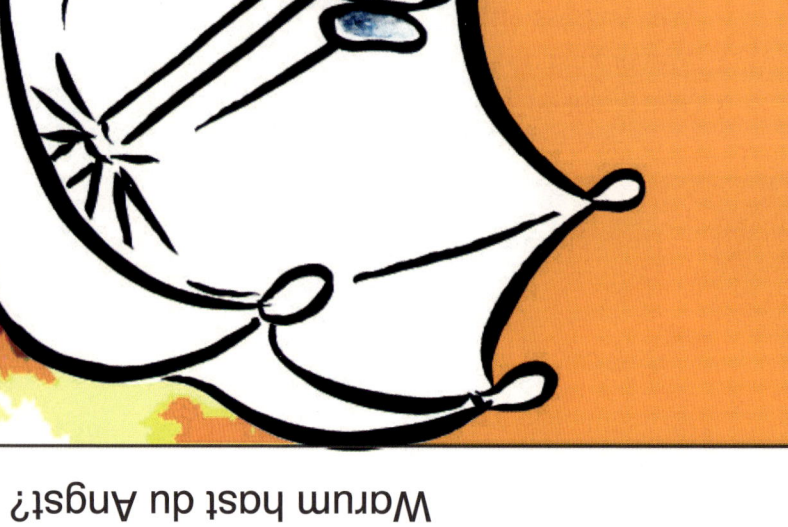

Warum hast du Angst?

Station 2

Station 2

Warum hast du Angst?

Warum hast du Angst?

Aufgaben

1. Lies den Fragebogen und beantworte die Fragen.

2. Überlegt gemeinsam, aus welchen Gründen man Angst haben kann.
   Nun nimmt sich jeder ein Arbeitsblatt, kreuzt zutreffende Aussagen an und heftet es in seiner Mappe ab.

3. Schreibe deine Ängste auf die Steine und lege diese auf das große Herz.

Warum hast du Angst?

1. Fragebogen

1. Mitten in der Nacht wachst du auf, es blitzt und donnert. Ein fürchterliches Unwetter tobt draußen.

   a) Hast du Angst? ☐ ja ☐ nein
   b) Wenn ja, warum hast du Angst?

   _____
   _____

2. Ein Mensch, den du sehr gern hast, ist schlimm krank.

   a) Hast du Angst? ☐ ja ☐ nein
   b) Wenn ja, warum hast du Angst?

   _____
   _____

3. Morgen hast du einen Termin beim Zahnarzt. Es muss vermutlich ein Zahn gezogen werden.

   a) Hast du Angst? ☐ ja ☐ nein
   b) Wenn ja, warum hast du Angst?

   _____
   _____

4. Du hast mit Freunden auf dem Schulhof Fußball gespielt. Dabei ist eine Scheibe kaputt gegangen. Alle anderen sind weggelaufen.

   a) Hast du Angst? ☐ ja ☐ nein
   b) Wenn ja, warum hast du Angst?

   _____
   _____

Name: _____ Datum: _____

Warum hast du Angst?

5. Auf dem Schulweg wirst du von einem fremden Mann angesprochen. Du sollst ein Stück mit ihm gehen und ihm den Weg zeigen.

   a) Hast du Angst? ☐ ja ☐ nein
   b) Wenn ja, warum hast du Angst?

   _____

   _____

6. Du hast in der letzten Mathearbeit eine 6 geschrieben. Nun musst du nach Hause und deinen Eltern das Arbeitsheft zeigen.

   a) Hast du Angst? ☐ ja ☐ nein
   b) Wenn ja, warum hast du Angst?

   _____

   _____

Name:	Datum:

Warum hast du Angst?

2. Überlegt gemeinsam, aus welchen Gründen man Angst haben kann.

Wir können Angst haben, …

- [ ] weil wir uns einsam und allein fühlen,
- [ ] weil uns etwas unheimlich vorkommt,
- [ ] weil wir mit Schmerzen rechnen müssen,
- [ ] weil wir etwas Dummes oder Schlimmes getan haben,
- [ ] weil wir vermutlich bestraft werden,
- [ ] weil wir es nicht ertragen können, wenn ein Mensch, den wir lieben, leiden muss,
- [ ] weil wir uns hilflos vorkommen,
- [ ] weil wir glauben, dass wir etwas nicht schaffen,
- [ ] weil uns jemand oder etwas fremd und unbekannt vorkommt,
- [ ] weil die anderen uns auslachen könnten,
- [ ] _____
- [ ] _____
- [ ] _____
- [ ] _____
- [ ] _____
- [ ] _____
- [ ] _____

Name: _____ Datum: _____

Hab' Vertrauen!

Station 3

Station 3

Hab' Vertrauen!

Hab' Vertrauen!

Aufgaben

1. Führt das Spiel „Menschenpendel" durch.

Spielerzahl pro Gruppe: 6–8 Teilnehmer pro Gruppe

Spielanleitung:
Stellt euch Schulter an Schulter in einem Kreis auf. Ein Schüler oder eine Schülerin steht im Kreis. Diese Person darf, wenn sie sich traut, dabei auch die Augen schließen.
Dann lässt sie sich steif wie ein Brett nach hinten oder nach vorn fallen.
Die Schüler im Kreis fangen den Fall sanft ab und schubsen die Person in der Mitte leicht in eine andere Richtung. Dieser Vorgang darf bis zu dreimal wiederholt werden.

2. Stellt bitte im Anschluss der Person in der Mitte folgende Fragen:

   a) Konntest du dich sofort darauf einlassen die Augen zu schließen? Woran lag das?
   b) Hattest du Angst dich fallen zu lassen?
   c) Hast du uns vertraut? Woran lag das?

Name: Datum:

Hab' Vertrauen!

3. Überlege, welchen Personen du in deinem Umfeld vertraust und warum!
   Kreuze an und versuche, eine kurze Begründung aufzuschreiben.

Folgenden Personen würde ich blind vertrauen.

☐ Meinem Vater, weil _____

☐ Meiner Mutter, weil _____

☐ Meinem Bruder, weil _____

☐ Meiner Schwester, weil _____

☐ Meinem Lehrer, weil _____

☐ Meiner Lehrerin, weil _____

☐ Einem Fremden, weil _____

☐ Meinem Pastor, weil _____

☐ Jesus, weil _____

☐ Gott, weil _____

☐ Meinem Trainer, weil _____

☐ Meiner Freundin, weil _____

☐ Meinem Freund, weil _____

☐ Dem Hausmeister, weil _____

☐ Meinem Nachbarn, weil _____

☐ Meinem Mitschüler, weil _____

Name: _____   Datum: _____

Was macht die Angst mit mir?

Station 4

Station 4

Was macht die Angst mit mir?

Was macht die Angst mit mir?

Aufgabe

Schau dir das Bild an dieser Station an.
Kreuze die für dich zutreffende Aussage an und besprich diese mit deinem Partner.
Geht es ihm/ihr genauso oder völlig anders?

Wenn ich Angst habe, dann …

- [ ] wird mein Mund völlig trocken.
- [ ] werde ich total rot im Gesicht.
- [ ] bekomme ich rote Flecken am Kopf und am Hals.
- [ ] kann ich mich überhaupt nicht mehr konzentrieren.
- [ ] bekomme ich eine Gänsehaut.
- [ ] werden meine Hände feucht.
- [ ] werden meine Hände eiskalt.
- [ ] wird mein Kopf richtig heiß.
- [ ] schwitze ich am ganzen Körper.
- [ ] kann ich keinen klaren Gedanken mehr fassen.
- [ ] wird meine Stimme heiser.
- [ ] bringe ich keinen Ton mehr heraus.
- [ ] werde ich total nervös.
- [ ] bekomme ich Bauchschmerzen.
- [ ] verkrampfen sich meine Schultern und mein Nacken.
- [ ] verstehe ich überhaupt nichts mehr.
- [ ] atme ich ganz schnell.
- [ ] zittern meine Knie.
- [ ] zittern meine Hände.
- [ ] klopft mein Herz ganz wild.
- [ ] habe ich das Gefühl, einen Kloß im Hals zu haben.
- [ ] bekomme ich Magenschmerzen.
- [ ] kann ich nicht einschlafen.
- [ ] wird mir schwindlig.
- [ ] _____
- [ ] _____
- [ ] _____

Name: Datum:

Was macht die Angst mit mir?

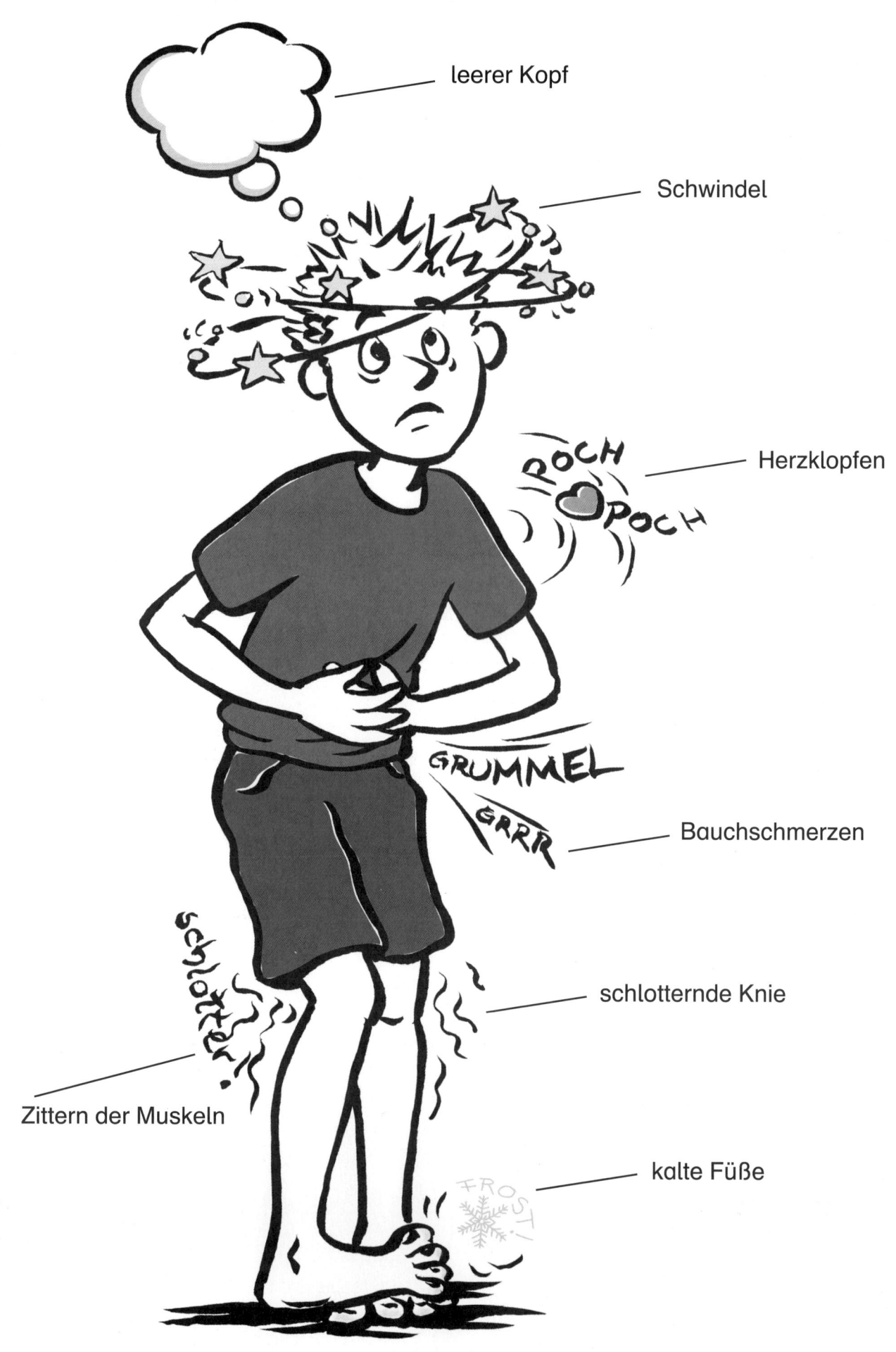

- leerer Kopf
- Schwindel
- Herzklopfen
- Bauchschmerzen
- schlotternde Knie
- Zittern der Muskeln
- kalte Füße

Station 5

Kann ich Angst sehen?

Kann ich Angst sehen?

Aufgaben

1. Schau dir die Bilder an dieser Station an und entscheide, ob und woran man Angst sehen kann. Diskutiert eure Meinungen in der Gruppe.

2. Wählt einige der Bilder aus, stellt sie pantomimisch dar, fotografiert diese Standbilder und hängt sie an die Fotowand.

| Name: | Datum: |

Kann ich Angst sehen?

Kann ich Angst sehen?

Jesus stillt den Sturm

Station 6

Jesus stillt den Sturm

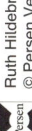

Jesus stillt den Sturm

1. Höre dir die biblische Geschichte in Ruhe an.

2. Überlegt in eurer Gruppe gemeinsam und beantwortet die Fragen.
   Jeder von euch schreibt die Antworten auf sein Arbeitsblatt und heftet es in seine Mappe.
   Ihr könnt die Geschichte auch noch einmal nachlesen.

   a) Welches Wunder geschieht in dieser Erzählung?

   _____
   _____
   _____

   b) Warum hätten die Jünger keine Angst haben müssen?

   _____
   _____
   _____

   c) Was können wir für uns aus dieser Geschichte lernen?

   _____
   _____
   _____

3. Löse das Bilderrätsel auf dem Arbeitsblatt, anschließend kannst du das Bild ausmalen und in deine Mappe heften.

✝ = A	🕊 = I	= Q
📖 = B	🕯 = J	♥ = R
❄ = C	👄 = K	✸ = S
⚙ = D	♪ = L	✧ = T
🔔 = E	☺ = M	❖ = U
◎ = F	⚱ = N	= V
☼ = G	☂ = O	= W
= H	☾ = P	= X

Name: _____ Datum: _____

Jesus stillt den Sturm

Jesus und der Sturm

Viele Menschen waren bei Jesus.
Er erzählte ihnen Geschichten von Gott.
Am Abend sagt Jesus zu seinen Jüngern:
„Wir wollen über den See ans andere Ufer fahren."
Sie steigen in ein Schiff.
Die Menschen bleiben zurück.

Sie fahren über den großen See.
Jesus ist müde.
Er liegt im Boot und schläft.

Auf einmal kommt ein starker Wind.
Er peitscht das Wasser auf.
Überall sind hohe Wellen.

Die Wellen schlagen ins Schiff.
Jesus schläft ganz ruhig.

Die Jünger haben große Angst.
Wird das Schiff untergehen?
Sie gehen zu Jesus und wecken ihn auf.
Sie rufen: „Herr, hilf! Wir gehen unter!"

Jesus richtet sich auf. Er sagt: „Warum habt ihr Angst? Ich bin doch da."

Jesus blickt auf die tobenden Wellen.
Er ruft dem Wind und den Wellen zu: „Schweigt jetzt! Seid still!"

Da wird es ganz still. Spiegelglatt liegt der See.

Die Jünger erschrecken.
Sie sagen zueinander: „Wir haben noch gar nicht gewusst, wer Jesus ist.
Auf ein Wort gehorchen ihm Wind und Wellen."

Der See bleibt still.
Das Schiff fährt ruhig weiter.

Text von Hellmut Haug, aus : Bibelbilderbuch, Band 3 © 1985, Deutsche Bibelgesellschaft, Stuttgart

Jesus stillt den Sturm

Lösung: Jesus ist bei mir in der Angst.

Mensch ängstige dich nicht!

Station 7

Station 7

Mensch ängstige dich nicht!

Mensch ängstige dich nicht!

Aufgaben

1. Schau dir das Spielfeld an.
2. Lies die Spielregeln aufmerksam durch.
3. Spiele das Spiel mit deinen Spielpartnern.

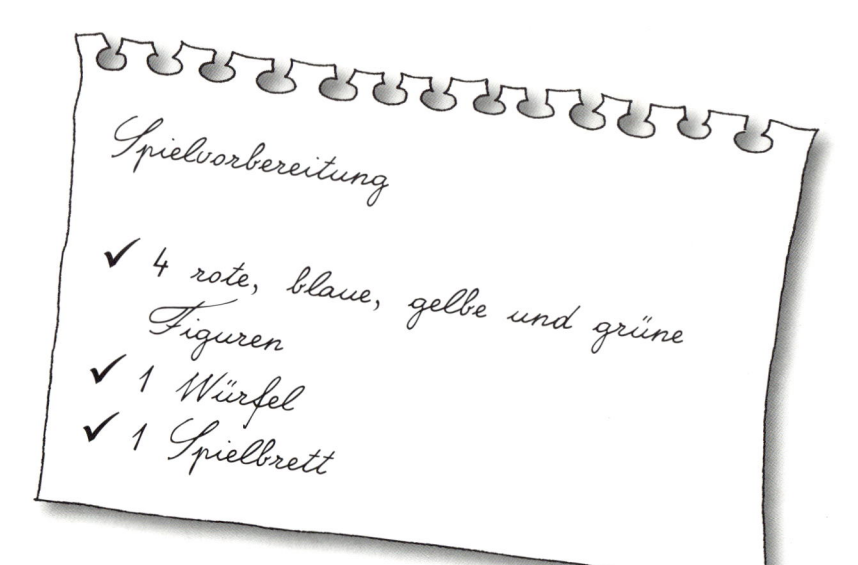

Spielvorbereitung
- ✓ 4 rote, blaue, gelbe und grüne Figuren
- ✓ 1 Würfel
- ✓ 1 Spielbrett

Spielregeln

1. Es beginnt der jüngste Spieler.

2. Ziel des Spiels ist es, möglichst viele deiner 🧍🧍 in dein 🏠 zu bringen.

3. Du darfst nur mit einer 🎲 starten und höchstens ✋ x würfeln. Nach einer 🎲 darfst du erneut würfeln. Bei einer weiteren 🎲 darfst du dich entscheiden, ob du eine neue 🧍 nimmst oder ob du mit einer anderen 🧍 weiterrückst.

4. Je nach 👁nzahl des Würfels, darf deine 🧍 vorrücken.

5. Wenn du auf ein Angstfeld kommst, musst du eine Ereigniskarte ziehen. Lies den Text laut vor und folge den Anweisungen.

6. Kommst du auf ein Feld, auf dem bereits eine 🧍 steht, muss die dort stehende 🧍 zu ihrem Anfang zurück.

7. Kommst du unbeschadet zu deinem 🏠, kann dir nichts mehr passieren.

8. 🏆 ist der Spieler, der zuerst alle 4 🧍 im 🏠 hat.

Mensch ängstige dich nicht!

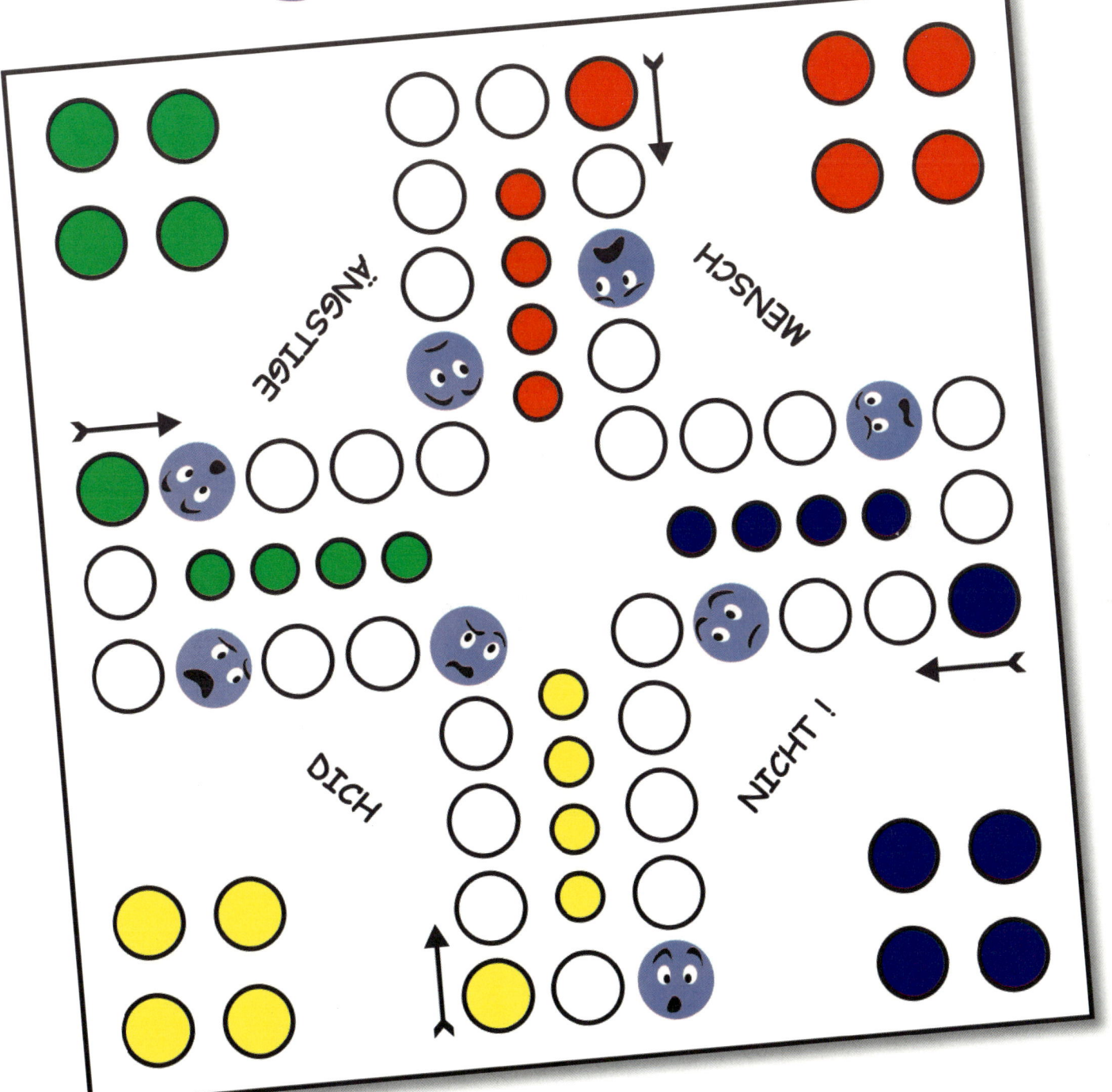

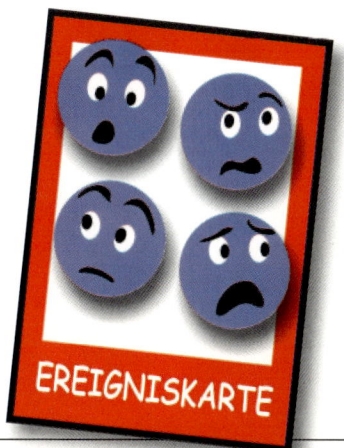

ÄNGSTIGE

MENSCH

DICH

NICHT!

EREIGNISKARTE

Ruth Hildebrand-Mallitsch und Nora Hildebrand-Maffei: Manchmal habe ich schon Angst!
© Persen Verlag

Mensch ängstige dich nicht!

Dir schlottern die Knie. Du hast von Gespenstern geträumt. Aber keine Angst, Gespenster gibt es nicht! **Setze einmal aus!**	Hab' keine Angst! Drei gegen einen ist doch wohl feige. Komm, wir gehen ihnen aus dem Weg! **Gehe 3 Felder vor!**	Keine Angst, bald wirst du wieder gesund sein. Ich habe für dich gebetet! **Noch einmal würfeln!**	Sei mutig und stehe zu deiner Angst! Man muss nicht von einem 5-m-Brett springen können. Dafür kannst du andere Dinge! **Gehe zum letzten Ereignisfeld zurück!**	Du musst keine Angst haben. Mein Hund bellt oft, aber er wird dich nicht beißen. Komm langsam her zu mir! **Gehe 1 Feld vor!**	Komm in meinen Arm. Du hast nur schlecht geträumt. Gespenster gibt es nicht! Schlaf gut! **Setze einmal aus!**
Warum weinst du? Du bist der Mutige, die anderen sind doch einfach weggelaufen, aber du bist noch hier. So teuer wird die Scheibe schon nicht sein! **Setze einmal aus!**	Freundinnen, die dich auslachen, hast du nicht verdient. Nur Mut, suche dir Menschen aus, die dich verstehen und zu neuen Freunden werden! **Rücke 3 Felder vor!**	Nun trau dir etwas zu! Du hast doch geübt, also schaffst du die Matheabeit auch! **Noch einmal würfeln!**	Natürlich ist das eine Enttäuschung: Deine Eltern lassen sich scheiden. Aber habe keine Angst: Sie lieben dich beide! **Noch einmal würfeln!**	Du hast deinen Freund belogen. Entschuldige dich einfach bei ihm! Morgen wirst du sehen, morgen seid ihr dann wieder die besten Freunde. **Gehe 3 Felder zurück!**	Mit dem Zeugnis bleibst du sitzen! Ja, aber Angst hilft nicht weiter, sei mutig und sieh das Wiederholen der Klasse als neue Chance! **Gehe zurück zu deinem Start!**
Die Spinne sieht zwar furchterregend aus, doch sie tut dir nichts! Du brauchst also keine Angst zu haben! **Setze einmal aus!**	Du fürchtest dich, wenn du allein bist, doch Gott ist immer bei dir und beschützt dich! **Gehe 3 Felder vor!**	Du kommst neu in eine Klasse und hast Angst, keine Freunde zu finden. Atme einmal kräftig durch und gehe mutig auf deine neuen Mitschüler zu! **Gehe 3 Felder vor!**	Du musst demnächst ins Krankenhaus. Da du auf Gott vertraust, hast du keine Angst! **Noch einmal würfeln!**	Du musst in den 4. Stock fahren zu deiner Freundin. Du nimmst die Treppe, weil du Angst hast, mit dem Aufzug zu fahren. **Setze einmal aus!**	Es donnert und blitzt draußen. Du zuckst zusammen und verkriechst dich unter die Bettdecke! **Gehe 3 Felder zurück!**

Mit der Bibel gegen die Angst

Station 8

Station 8

Mit der Bibel gegen die Angst

Mit der Bibel gegen die Angst

Aufgabe

1. Wähle einen der biblischen Texte aus und gestalte eine Seite dazu in Schönschrift mit einem passenden Bild dazu.

*Die aber dem Herrn vertrauen, schöpfen neue Kraft,
sie bekommen Flügel wie Adler.*

(Jes. 40, 31)

Jeder, der den Namen des Herrn anruft, wird errettet.

(Apg 2,21)

Gott ist mein Fels und mein Schutz!

(Psalm 62, 3)

*Sei mutig und entschlossen! Hab keine Angst und lass dich durch nichts erschrecken;
denn ich, der Herr, dein Gott, bin bei dir, wohin du auch gehst!*

(Josua 1,9)

Fürchte dich nicht, denn ich bin bei dir; hab keine Angst, denn ich bin dein Gott! Ich mache dich stark, ich helfe dir, mit meiner siegreichen Hand beschütze ich dich!

(Jesaja 41, 10)

*Hab keine Angst, du bist unendlich geliebt!
Friede sei mit dir. Sei stark, ja, sei stark!"*

(Daniel 10,19)

*Der Herr ist mein Licht, er befreit mich und hilft mir; darum habe ich keine Angst.
Bei ihm bin ich sicher wie in einer Burg; darum zittere ich vor niemand!*

(Psalm 27,1)

| Name: | Datum: |

Mit der Bibel gegen die Angst

Name: | Datum:

Wir lassen unsere Ängste in den Himmel fliegen

Station 9

Wir lassen unsere Ängste in den Himmel fliegen

Wir lassen unsere Ängste in den Himmel fliegen

Psalm 55

2 Gott, höre mein Gebet,
 wende dich nicht ab von meiner Klage,
3 höre mich an und gib mir Antwort!
 Die Sorgen drücken mich nieder,
 ich finde keine Ruhe mehr;
4 denn Feinde bedrohen mich
 und Schurken bedrängen mich.
 Sie überhäufen mich mit Unheil
 und verfolgen mich mit wütendem Hass.
5 Die Angst schnürt mir das Herz zusammen,
 tödlicher Schrecken hat mich überfallen,
6 Furcht und Zittern haben mich gepackt
 und kaltes Grauen steigt in mir hoch.
7 Ich wollte, ich hätte Flügel wie eine Taube!
 Dann könnte ich fliegen
 und eine Zuflucht suchen,
8 weit weg in die Wüste könnte ich fliehen
 und endlich wieder Ruhe finden.
9 Ich würde schnell zu einem Schutzort eilen,
 wo ich sicher bin vor dem rasenden Sturm.

(Text aus „Gute Nachricht")

Aufgaben

1. Lies dir den Psalm 55 aufmerksam durch.
2. Nun bastel dir selbst eine Taube, in die du deine Ängste hineinlegen kannst.
 Schneide zwei Taubenvorlagen aus. Die zwei Tauben am Bauch entlang zusammenkleben. Ist der Kleber getrocknet, können die Tauben etwas auseinandergeklappt werden.
3. Schreibe deine Ängste auf einen kleinen Zettel, falte ihn zusammen und klebe ihn zwischen die beiden Taubenhälften.
4. Nun überlege, was dir gegen deine Ängste helfen kann. Schreibe oder male es auf die äußeren Umrisse der Taube.
 Du kannst, wenn du möchtest, auch mit deiner Gruppe darüber sprechen.
5. Zum Schluss den markierten Punkt durchstechen und einen festen Faden an deiner Taube befestigen, sodass du die Taube zu Hause in deinem Zimmer oder auch hier im Klassenraum aufhängen kannst.
6. Wenn du die fertige Taube anschaust, woran denkst du?

Name: Datum:

Wir lassen unsere Ängste in den Himmel fliegen

Was tut mir gut?

Station 01

Station 10

Was tut mir gut?

Was tut mir gut?

Hier dürft ihr euch etwas aussuchen!

Bastelt euch ein MMM = Mutmachmännchen!

Dies könnt ihr dann bei euch tragen und wenn ihr es anschaut, gibt euch das sonnige Gesicht bestimmt Kraft; oder ihr knetet es und spürt die Wärme, die von ihm ausgeht.

Ihr braucht für 1 MMM:
- 2 große runde Luftballons
- Wolle
- Wackelaugen
- Edding
- Mehl oder Sand
- Schere
- Klebstoff
- Trichter
- Löffel

Arbeitsanleitung
- Steckt den Trichterhals in den Luftballonhals und lasst das Mehl oder den Sand mithilfe des Löffels in den Ballon rieseln.
  Achtung: Der Luftballonhals darf nicht gefüllt werden!
- Verknotet den Ballon und schneidet das Endstück ab.
- Jetzt noch einen zweiten Luftballon überziehen und verknoten.
- Die Wollfäden zurechtschneiden und als Haare aufkleben.
- Zum Schluss noch die Wackelaugen aufkleben, mit dem Edding einen lustigen Mund aufmalen und fertig ist euer MMM!

Was tut mir gut?

Tischaufkleber mit Mutmachspruch

- Such dir einen Mutmachspruch aus.
- Schreibe ihn in Schönschrift auf die Vorlage.
- Gestalte deinen Mutspruchzettel mit Mut machenden Zeichnungen.
- Klebe ihn zur ständigen Erinnerung auf deinen Arbeitstisch zu Hause oder hier im Klassenzimmer.

**Drehe dein Gesicht zur Sonne,
so bleibt der Schatten hinter dir!**

**Ein Lachen erfreut jeden,
den der's nimmt und den der's mag geben.**

**Wenn wir immer zusammen gehen, fängt jeden Tag ein schöner Tag an
und hört jeden Tag ein schöner Tag auf.**

**Stark zu sein bedeutet nicht nie zu fallen,
sondern immer wieder aufzustehen.**

**Nutze die Talente, die du hast.
Die Wälder wären sehr still, wenn nur die begabtesten Vögel sängen.**
(Henry van Dyke)

Meine Hilfe kommt von Gott, der Himmel und Erde gemacht hat.
(Psalm 121,2)

Der Herr ist mein Hirte, mir wird nichts mangeln!
(Psalm 23, 1)

Mit meinem Gott kann ich über Mauern springen!
(Psalm 18,30)

Was tut mir gut?

Wenn du deinen Tischaufkleber fertig gestaltet hast, solltest du ihn am besten laminieren. Wenn du es allein nicht kannst, frage deine Lehrerin oder deinen Lehrer, ob es ein Laminiergerät an der Schule gibt und sie/er dir helfen kann.

Zum Schluss kannst du den Aufkleber mit doppelseitigem Klebeband auf deinem Tisch befestigen.

Was tut mir gut?

Einen Schutzengel basteln

Um dir deinen ganz persönlichen Schutzengel zu basteln, benötigst du nur ein bisschen Fantasie. Gestalte ihn so, wie er für dich richtig ist und zu dir passt.

Das brauchst du für deinen Schutzengel:
- Schablone
- Fotokarton oder Pappe
- Bunt- oder Filzstifte
- jede Menge Dekomaterial wie Glitzerstifte, Perlen, Pailletten, Federn, schönes Papier, bunte Bänder, Schleifen usw.
- Schere und Klebstoff

So geht's
Nimm die Vorlage und bemale sie.
Klebe Bänder oder Federn auf, schmücke sie mit allem erdenklichem Dekomaterial – so wie es dir gefällt.

Was tut mir gut?

Notizzettel

Ich hatte Probleme an der Station _____ und zwar

_____
_____
_____
_____

Die Station _____ hat mir besonders gut gefallen, weil …

_____
_____
_____
_____

An der Station _____ habe ich viel gelernt über

_____
_____
_____
_____

Station _____ hat mir gar nicht gefallen, weil

_____
_____
_____
_____

Fragebogen zur Arbeit an den Stationen

	ja	nein	Anmerkungen/Fragen/ Verbesserungsvorschläge
Die Arbeit an den Stationen hat mir gefallen.			
Die Stationen waren abwechslungsreich.			
Wir haben über unsere Ängste miteinander gesprochen.			
Ich finde es wichtig, dass wir uns mit diesem Thema beschäftigen, denn jeder Mensch hat manchmal Angst.			
Ich habe mir viele Gedanken gemacht, was mir in Angstsituationen helfen kann.			
Ich möchte noch wissen, wie ich mehr Selbstvertrauen und Mut entwickeln und so Angst abbauen kann.			
Der Museumsgang hat mir gefallen, weil ich die Ergebnisse der Mitschüler mit meinen vergleichen konnte.			

Quellen

Textquellen

Seite 41	Jesus und der Sturm. Text von Hellmut Haug, aus: Bibelbilderbuch, Band 3 © 1985, deutsche Bibelgesellschaft, Stuttgart

Bildnachweis

Seite 35/36	Munch, Edvard: Der Schrei © The Munch Museum/The Munch Ellingsen Group/VG Bild-Kunst, Bonn 2010
Seite 36	Kind/Schrei © Eléonore H – Fotolia.com Angst © Kati Neudert – Fotolia.com
Seite 63	stone tower © Alexstar – Fotolia.com
Auf CD/Regeln	Hands and puzzle © Nikolai Sorokin – Fotolia.com Numbers © jaddingt – Fotolia.com Main humaine © grinfen – Fotolia.com Sablier-Temps-Durée © DX – Fotolia.com Erledigt © Popsy – Fotolia.com Fragezeichen © Nerlich Images – Fotolia.com Tasklist clipboard © Maxim_Kazmin – Fotolia.com Material für die Schule © Marina Lohrbach – Fotolia.com

Inhalt/CD

Eingesprochene Hörtexte

Station 6:   Jesus stillt den Sturm

Alle 10 Stationen vollständig in Farbe

Laufzettel für die Schüler
Regeln für das Lernen an Stationen
- Übersicht
- Jede Regel einzeln

Notizzettel
Fragebogen
Zusatzmaterial wie Bilder und Spielkarten

Notizen

Moderner Religionsunterricht – lebendig und schülernah!

Winfried Röser
Die 10 Gebote

Geschichte, Bedeutung, Aktualität

Mit diesem Band zeigen Sie, dass die 10 Gebote heute noch relevant sind. Sie beleuchten die Entstehung und Verkündigung der 10 Gebote im Zusammenhang mit der Geschichte des Volkes Israel. Ihre Schülerinnen und Schüler können sich genau in die Situation der Israeliten zur Zeit des Exils hineinversetzen. Im Zentrum stehen die einzelnen Gebote und Fragen wie: Was bedeutete das Gebot für die Israeliten? Und was für uns heute?
**Prägend und nach wie vor aktuell:
die 10 Gebote eindringlich vermittelt!**

Mappe mit Kopiervorlagen, 53 Seiten, DIN A4
5. bis 8. Klasse
Best.-Nr. 2616

Winfried Röser
Die Apostelgeschichte

vermitteln – verstehen – übertragen

Unter starkem Bezug der biblischen Botschaft auf die heutige Lebenswelt erhalten ihre Schüler/-innen einen umfassenden Überblick über die historischen Wurzeln des Christentums. Der Band umfasst 10 Kapitel, wobei Leben und Wirken der Apostel Paulus, Johannes und Petrus im Mittelpunkt stehen. Die Arbeitsblätter können sowohl als thematische Einheit als auch einzeln eingesetzt werden.
Die historischen Wurzeln des Christentums im Überblick!

Mappe mit Kopiervorlagen, 55 Seiten, DIN A4
7. bis 8. Klasse
Best.-Nr. 2651

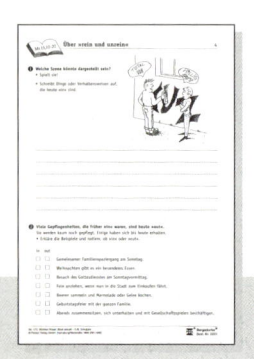

Winfried Röser
Bibel aktuell

Kopiervorlagen zur Bibelarbeit

Moderner Religionsunterricht muss von den Problemen der heutigen Zeit ausgehen. Diese Kopiervorlagen bringen den Schülerinnen und Schülern den Glauben näher, indem sie Worte und Taten auf unsere Zeit beziehen und übertragen. Themen wie Arbeit, christliche Verantwortung und Politik spielen ebenso eine Rolle wie Nächstenliebe, Tod und Verzweiflung. Sie regen Ihre Klasse zum Nachdenken, Diskutieren sowie zur Auseinandersetzung mit ihrer Umwelt und ihrem Leben an.
So erkennen junge Leute die Zeitlosigkeit der Aussagen der Bibel!

Mappe mit Kopiervorlagen, 50 Seiten, DIN A4
5. und 6. Klasse
Best.-Nr. 2201

Mappe mit Kopiervorlagen, 47 Seiten, DIN A4
7. bis 10. Klasse
Best.-Nr. 2202

Winfried Röser
Jesus
Geschichte – Bedeutung – Aktualität

Die Mappe liefert Ihnen abwechslungsreiche Arbeitsblätter, mit denen sich Ihre Schüler das Wissen zu Leben und Wirken Jesu erarbeiten. Im Mittelpunkt stehen das Leben Jesu, seine Worte, mit den Schwerpunkten Bergpredigt und Gleichnisse, seine Taten sowie Tod und Auferstehung Jesu. Auch die Bedeutung Jesu für die heutige Zeit wird umfassend behandelt. Die didaktisch wertvollen Arbeitsaufträge decken die wesentlichen Inhalte der Lehrpläne ab.
Aus dem Inhalt: Der historische Jesus – Geburt und Kindheit Jesu – Die Anfänge des Wirkens Jesu – Die frohe Botschaft – Die Taten Jesu - Die Gleichnisse – Jesu Tod und Auferstehung
Jesu Bedeutung für die heutige Zeit – Material zum Überblick und zum Vertiefen!

Mappe mit Kopiervorlagen, 55 Seiten, DIN A4
5. bis 8. Klasse
Best.-Nr. 2383

Winfried Röser
Von Noah bis David
Die Vätergeschichten des AT aktuell und lebendig unterrichten

Von wegen langweilig, alt und verstaubt! Abraham war bereit, seinen Sohn zu opfern – Jakob betrog seinen Bruder hinterlistig ums Erbe – Josef wurde von seinen Brüdern an Sklavenhändler verkauft: Die Geschichten der Stammesväter Israels sind nicht nur spannend wie Krimis, ihre Aussagen sind auch heute noch relevant. In dieser Mappe finden Sie Nacherzählungen, Interviews, Zeitungsartikel, Aufgabenstellungen und Hintergrundinformationen zu Personen und Orten. Die Geschichte Israels kompakt in einem Band: Noah, Abraham, Jakob und Esau, Josef, Moses, die 12 Stämme Israels, Saul, David.
Damit entdecken Ihre Schüler/-innen sofort, wie aktuell das Alte Testament auch heute noch ist!

Mappe mit Kopiervorlagen, 51 Seiten, DIN A4
5. bis 8. Klasse
Best.-Nr. 2645

Unser Bestellservice:

Das komplette Verlagsprogramm finden Sie in unserem Online-Shop unter

www.persen.de

Bei Fragen hilft Ihnen unser Kundenservice gerne weiter.

Deutschland: ☏ 0 41 61/7 49 60-40 · Schweiz: ☏ 052/366 53 54 · Österreich: ☏ 0 72 30/2 00 11